춘파

춘파春播

—

초판 1쇄 2025년 10월 31일
지은이 선종구
펴낸이 김영재
펴낸곳 책만드는집

—

주소 서울 마포구 양화로3길 99, 4층 (04022)
전화 3142-1585·6
팩스 336-8908
전자우편 chaekjip@naver.com
출판등록 1994년 1월 13일 제10-927호
ⓒ 선종구, 2025

—

* 본 도서의 판권은 저자권자와 책만드는집에 있습니다.
  본 도서 내용의 전부 또는 일부를 재사용하려면 양측의 동의를 받아야 합니다.
* 잘못 만들어진 책은 구입하신 서점에서 바꾸어 드립니다.

—

ISBN 978-89-7944-912-9 (04810)
ISBN 978-89-7944-354-7 (세트)

책 만 드 는 집
시인선 271

춘파 春播

선종구 시집

책만드는집

부족한 문장을 책으로 엮어준
모든 인연들에게 감사를 드린다
가을 하늘 아래 멀리
들녘엔 추수가 한창이다
아름답다

2025년 10월
선종구

| 차례 |

1부 나락들

2부   이장님 이장님

3부   그보다 멀리

4부   수선이 가득 피면

1부

나락들

칼

칼은 칼집 속에 있을 때
가장 날카로운 것

색감도 없이
서늘한 이것으로
어찌해야 간곡하고 아름다울 수 있겠는가

칼은,
인간의 혀를 본떠 만든
가장 오래된 무기일 테다

눈雪

저 높은 하늘의 들녘도
한 해 농사가 끝났는지

익어 터진 겨울의 홀씨들이
공중에 흩날리고 있다

높고, 외롭고, 추운 데부터
천상의 꽃을 달아주면서

산 아래 웅크린 마을에도
눈이 내린다

작은 텃밭이라도 된다는 것인지

차가운 내 손바닥 위에도
머뭇거리며 눈이 내린다

살구나무

아침에 핀 살구꽃이
저녁에 진다

막걸리나 죽이고 있는 나에게
같이 져보지 않겠느냐고 묻는 저녁
꽃도 피우지 못한 내가
어찌 그럴 수 있겠냐고 물러앉는 밤

살구나무는 한 송이 꽃봉오리로 마당가에 서 있고
처마 위엔 별들이 뜬다

아침이 오면
살구꽃은 다시 환하게 피어나고
봄날이 다 가도록 헛꽃만 피고 지는
어리석은 몸뚱이일 때

살구나무는 가지마다
별빛처럼 잘 익은 살구 열매를 달고 있는 것이다

나락들

고개 숙인 나락들이
논바닥을 내려다보고 있다

자기를 키워 올린 부르튼 발등과
마지막 젖줄까지 짜내며 갈라지는 흙을
그렁그렁한 눈으로 보고 있다

봄 산의 뻐꾹새 울음과
그칠 줄 모르던 여름날의 폭우
나락꽃 피어 흩날리던
늦여름의 햇살들

1미터도 채 안 되는
생의 마디마다 새겨진 기억들이
이제는 온전히 무게가 되어
고개 숙인 가을 나락이 되었다

벼의 일생은 이삭 하나 남기는 것
돌아가 안기고픈
흙의 냄새 가까워질수록
또다시 떠나야 한다는 걸 알면서도
고개 숙인 논 자락이 가을볕에 눈부시다

이제는 남의 땅

저기는 한때, 내가 나락을 심고
보리를 거두던 논이었다
농사짓고 처음으로 장만한 갯논이었다

해마다 설레는 마음으로 모를 심고
하루 종일 논을 매도
허리 아픈 줄 모르던 내 논이었다

논둑의 바람은 얼마나 시원하고
가을날 햅쌀은 얼마나 튼실하고 빛났던가

빚에 쪼여 판 지 일 년 만에
내 키보다 높게 매립해서 따블로 되팔았다는
나의 논, 아니 이제는 남의 땅

무슨 나락을 심어요, 형질 변경만 되면
몇 곱이 튀는데

나락과 보리 대신
시세 차익이 자라는 땅

어느 날은 건설 폐기물이 올라타고
어느 날은 쓰레기 더미가
올라타서 더러운 폐수를 사정射精해 대는

아 갈보가 되어버린 내 땅
이제는 남의 부동산

죄가 되어

나는 모내기 철만 되면
밤마다 젖이 불어 우는 논의 울음소리를 들어야 한다

억새꽃

바람 속에
핀 그대

얼마나 멀리 가려고

그토록 오래
하얀 손을 흔드나

기차

어릴 적 기차는 항시 반듯이 가는 줄로만 알았다
  그토록 커다란 쇳덩어리가 구부러져 간다는 것은 상상
할 수 없었다

어느 날 오후 산기슭으로 사라지는 기차를 보다가
밭일하고 돌아오는 엄마의 옷자락을 붙들고 물었다

왜 기차가 구부러져 가느냐고, 순간 엄마는 당황한 얼굴로
그런 건 물어보는 게 아니라며 얼른 정지문으로 가셨다

나는 한참 세월이 지난 후에야 알았다
당신도 그때까지 기차를 타본 적이 없었다는 것을

기차는 본시 굽이굽이 가는 것이었고
그것은 기차가 아닌 기울어진 철로 때문이란 것도

뒤꿈치가 닮았다

모내기 철 늦은 저녁을 먹고 있는
내 흙 묻은 장화와,
고개를 박고 허겁지겁 돼지국밥을 떠 넣는
건너편 인부들의 뒤꿈치가 닮았다

평생 맨발로 들일을 하던
쩍쩍 갈라진 어머니의 뒤꿈치와
허물어져 가는 빈집, 이끼 핀 주춧돌의
뒤꿈치가 닮았다

열무김치

이장님 한번 잡사봐! 마을 아짐이 갖다준
뿌리 굵은 열무김치 한 통

무청과 뿌리 사이를 덥석 씹으니

갑자기 샘가 찬물 다라이 속에 담겨 있는
김치 독아지가 보이는데

맨발의 엄니는 등목도 못 하시고
식구들의 늦은 밥상을 차리고 계신다

나를 낳아 기른 세월보다
당신을 묻고 돌아선 그 세월이
더 먼 지금

열무김치 한 대목을 씹으니

중년의 옛 자식이 그 샘가에 서 있네요

뿌리 없는 곡식

모내기 끝난 논에
노인장 한 명
이틀째 뜬모를 하고 있다

이앙기가 빠트리고 간 자리마다
일일이 손으로 모를 심고 있다

하여간 지독한 양반이여, 코딱지만 한
논배미에서 나오면 얼마나 더 나온다고
저리 고생이여

기계의 속도에 취한
젊은 치들의 비아냥에도 아랑곳없이
정성스레 뜬모를 하고 있다

해거름 무논에 맨발을 씻고
돌아서며 내게 던지는 무심한 한마디,

"이 세상에 뿌리 없는 곡식이 있단가"

옥수수밭

온종일 옥수수밭에 물을 주었다
스프링클러도 소용없는 40년 만의 가뭄
5천 주가 넘는 옥수수 밑동마다 일일이 물을 주었다
잎들은 허옇게 말라가고, 까까머리 아들놈
얼굴은 덩달아 벌겋게 타고
그래도 산비둘기는 끝까지 울어주었다
진저리 치며 발등에 쏟아지는 물을 들이켜는
옥수수, 옥수숫대들

다시 둘러보는 다음 날 아침
찔레꽃 피는 밭모퉁이 돌아가니
이슬에 젖은 옥수수잎들이
막 떠오르는 아침 햇살에 너울거리고 있었다
끄덕이며 돌아서는 내 등 뒤로
옥수수밭의 함성 소리가 들려왔다
일동 차렷, 받들어 잎!

무無투입 논에서

—이 사람아 농약 치고 비료를
퍼부서도 농사가 되네 마네 허는디
암껏도 안 주고 무슨 나락이 나온당가
자네가 진짜로 미쳐부렀구마!

유기농을 넘어보자고 시작한
무투입 농사

드디어 그 논에서도 이삭이 올라오기 시작한다

어린모만 심어놓고 아무것도
해준 것이 없는데 보란 듯이 씩씩하게 이삭을
밀어 올리고 있다

햇살과 바람
드문 빗방울만으로도
이삭 하나 피우기엔 충분하다는 것인가

아무리 가난하고 보잘것없을지라도
스스로 버리지만 않는다면
한 시절 넉넉할 수 있다는 것인가

사슬처럼 지나던 하루하루가
얼마나 소중한 시간들이었는지
맑은 이슬로 씻는 우리의 노동이
바다가 갈라지는 기적보다 더 위대하다는 것을

짧아지는 논둑의 하루해가
덜컥 두려워지는 저물녘이다

함께 가는 아침

지난밤, 익어가던 나락들
폭우에 잠기고
나는 발을 헛디디며 넘어졌네

하늘이 드는 매는 사정이 없고
앞뒤 없이 몰아치는 무서운 밤이었네

흙탕물 헤쳐 나와
논둑에 주저앉은 우리들
아침 이슬이 씻겨주고
가을 햇살이 밥 먹이네

지 몸도 힘겨운 나락들이
발등이 부은 나를 부축하며
함께 가는 아침이네

쑥부쟁이

더 이상 바라는 것 없어
눈길 멀리 두면

거기
꽃은 피어 있다

또다시 마을을 떠나겠다는 후배여
젊은 귀농자여

철조망 너머 절개지
쑥부쟁이 한 무더기 있어

지금은 온통 가을인 거야

물꼬

물꼬를 터라
이삭이 핀다

새끼산거리 먼 논배미부터

새 물이 콸콸 들게
막 피어난 나락꽃이 마르지 않게

여름날의 부평초를 걷어내고
피를 마저 뽑아라

쳐서 지닌 지금은
새벽 논의 물꼬를 터야 할 때

간밤에 태어난 어린것들에게
젖을 물려라

이 물꼬 따라 밥이 영근다

머지않아 황금 들판이다

설날

굴뚝새를 아는 사람과

그 작은 울음을 따라
해거름 뒤안을 돌아가 본 사람과

도시의 어느 모퉁이에서
굴뚝새로 살고 있다는 사람과

굴뚝 연기 사라진
옛 마을에서

쉰다섯 해의 떡국을 나누고 싶다

질경이 마도로스

자 떠나자!
이제는 바다가 나의 고향

짠내 절은 갯바람에 숨통이 트이고
새벽 해무海霧에 빛깔이 돈다

어찌 알았으랴,
논둑이 아닌 뱃머리에 뿌리를 박을 줄

어느 일꾼의 장화 밑창에 묻혀 이곳까지
왔는지 모르나, 나는 이름대로 질긴
질경이 마도로스

닻을 올려라
성채 같은 연륙교를 지나 바다로 가자

어디에 핀들 꽃이 아니랴

영원한 것은 지금 이 순간뿐,

꽃 고동 힘차게
울리며 바다로 나가는

세상에 하나뿐인 질경이 마도로스

2부

이장님 이장님

.

새

하나 둘 셋 넷

공중수제비를 뜨며 날아가는
새 한 마리

작은 가슴을
가볍게 퉁기면서

전봇대 많은 들논의 하늘을 난다

니나 나나 몸뚱이 하나로
날고 기어야 먹고사는 팔자지만

오, 나는구나
너는 새여

벚꽃 장터

무리를 따라잡지 못한
한 그루가

장터 초입 강 언덕에
이고 오던 꽃 짐을 부리고 말았다

가지 부러진 늙은 몸이
장길 서둘다 부른 꽃 사태다

터진 송이송이 온몸에 달고
발아래 강물조차 꽃빛인데

일 년에 딱 한 번,
열흘도 안 서는 벚꽃 장 구경꾼들

고목생화가 더 곱다나, 다투어 몰려가는
삼월 강변의 벚꽃 장터

예말이요

예말이요 벚꽃 진달래
봄꽃 메들리 팡팡 터지는 여객선
갑판 위의 막춤이 있소 참으로
무식하고 교양 없는 막춤이 있소
오늘 하루는 돈도, 딸기 하우스도,
성가신 새끼들도 다 잊어버린
동네 부녀회의 보릿대춤이 있소
등대섬엔 시원한 바람
아무나 붙잡고 사진을 부탁해도
좋고 좁은 길에 어깨가
부딪쳐도 서로가 먼저 웃소
열 집도 안 되는 소매물도 사람들
바글거려도 독한 냄새 없는 것이
신기한 일이요 예말이요
하루를 잊어 봄꽃으로 흐드러진
갑판 위의 막춤이 여기 있소

이장님 이장님

한 달 만에 쏟아진 막걸리병 두 포대를 동네 앞 쓰레기
장에
얼른 부리고 돌아서는데 이장님!

저 술뱅은 우리 동네에서 나온 쓰레기가 아닌 것
같아요 틀림없이 다른 동네 사람이 갖다 버린 것이 분
명허요

설마 그랬을라구요 대충 버무리고 돌아서는데
이장님!

우리 동네에서 저라고 술 퍼묵는 인간이 누가 있어요
저런 사람들은 꼭 잡아야 돼요

아, 예 예
제가 꼭 잡겠습니다

식전 아침인데 땀이 나고, 도망치듯 오는 길이
그날따라 멀기만 했으니

초복初伏

아침부터 낭자하다

들판에 퍼지는 푸른
피비린내

개망초 바랭이 쇠비름 풀들이 순식간에 흩어지며
논둑이 훤하게 나락 사이로 드러난다

복날 아침의 예초기 작업

정년이 칠십인 마을 청년회는
벌써부터 솥을 걸고
장닭을 삶느냐, 윷판을 벌이느냐

냇가 다리 밑이 흥성한데

뿌리까지 녹이는 제초제 대신

예초기를 메고 논둑을 깎는다

땀에 젖은 농부의 막걸리는 꿀맛이고
칼날에 번지는 들풀의 피 냄새는 향기롭다

아침부터 싱싱한 살육이다

당산나무의 사철가

이녘 바람아
봄바람아

이맘때면 어김없이 연분홍 꽃잎으로
새악시 후려내는 늙은 바람기
주책이라 흉보지 마라

우산각의 여름 부채는
또 하나 줄었지만
오래도 산다는 욕 한번 들어본 적 없고

새끼들 주렁주렁 동구 밖을 나서도
늙어 망령이란 소리 못 들어봤구나

가는 바람아
가려거든 가거라

정월에는 당산堂山이요

유월에는 청산靑山이라네

비겁한 결투

빈 지게 걸치고 가는
오솔길 한가운데서 그놈과 마주쳤다

꼬랑지는 뭉툭허고
등허리에 먹물 뚝 뚝 박힌 것이
독사 중의 독사,
까치독사다

좁은 길 가운데 턱,
참으로 유장하게 늘어져 있다

이놈의 뱀 새끼가 간혀!
앞으로는 못 가고
호통을 치고 발만 굴리는데

감히라니,
바쁜 쪽이 돌아서 가시든지

퍼지고 누워서 꿈쩍도 안 한다

나는 슬그머니 지게 작대기를 치켜들었고
놈은 그제서야 싱겁다는 듯
천천히 자리를 떴다

지켜보던 떡갈나무잎들이
배꼽을 잡고 웃기 시작했다

젊디나 젊은 사람이

농번기 끝나고 빈 몸으로 훌쩍 떠나 닿은 밤은
진도 어느 바닷가의 포장마차, 여행자의 객수에
젖어 밤바다를 안주 삼아 소주를 마시고 있었다

여그 사람은 아닌 것 같은디 어디서 오셨스까?
옆 테이블의 늙수그레한 여인네 셋이 말을 붙여 왔다
가까운 전라도에서 왔습니다 우아하게 폼 잡은
내 고독이 방해받기 싫어 짧게 끊고 다시 술잔을
막 드는데

젊은 사람이 살아야제!

나 그런 사람 아닙니다, 아니긴 뭐가 아니여
딱 본께 기구마, 잔 들고 이리 와보씨요

살다 보면 오르막도 있고 내리막도 있는 것이제
항시 좋타요, 그런 맴으로 더 독하게 살아야제

젊디나 젊은 사람이!

술잔은 연거푸 쏟아지고, 구절양장 같은 여인네들의
인생사가 펼쳐지고, 늦게 합석한 두 남정네의 파란만장
까지가 진도의 겨울 밤바다에 끝도 없이 이어졌다
공짜 술에 취한 나에게, 이담에 꼭 다시 보자는 말과
함께 택시비까지 쥐여주며 그들은 떠났다

나는 그곳에 죽으러 가지 않았지만
다시 살아 돌아왔다

수수께끼

그대가 우연히
우리 동네 마을회관을 지나친다면
의아해할 수도 있겠다

시골에 갓난아이 울음소리
그친 지 오래라는데
무슨 유모차는 이리 많으냐고

그렇다면 이제야 신작로 초입에 들어선 것이니
그 유명한 수수께끼를 다시 풀어야 할 터

아침에는 여섯 발로 나섰다가
점심에는 네 발로 기고 저녁에는
흙투성이 여섯 발로 돌아오는 짐승은 무엇이냐?

동주 형

에잇 띠펄 퉤 퉤!
삼거리 주막집이 대낮부터 시끄럽다
왜 또 저런다요 어지께 고쳐 온
콤바인이 또 퍼져븐 모양이데 그랑께
열 받어가꼬 농기계 센타 가서 저서부렀는
모양이데 소리를 못 들은께 기계가 작살이
나서 서부러야 아니 일이 되겠는가
저런 양반한테 기계 팔아묵는 인간들이
더 문제 아니겄소 저래가꼬 중도 들 나락
가실은 언제 다 할랑고

귀머거리에 반벙어리 동주 형 나만 보면
술잔부터 권하는 사람 좋은 동주 형 다섯 살 때
동네 우물에 말과 귀를 빠뜨리고 온 동주 형
어지간한 말은 다 알아먹는 눈치만은
기가 막힌 동주 형 내일이면 어김없이 기계 위에
올라타 신나게 들논으로 내달릴 농사꾼 동주 형

욕의 기원

싸가지 없는 새끼
싹수가 노란 놈

가장 대중적인 이 욕을 들을 때마다
농사꾼인 나는 씁쓸히
이 욕의 기원을 생각한다

싸가지는 벼의 이삭 모가지를 말하는 것이고,
싹수가 노란 것은 알맹이 없는
쭉정이에서 온 말이기 때문이다

싸가지가 없거나, 싹수가 노란 해는
배를 곯아야 하는 흉년인지라
옛사람들에게 이 욕은
욕 중에서도 큰 욕이었다

이젠 욕하는 이도 뜻을 모르고,

욕먹는 사람도 부끄럼을 모르니

들판의 죄 없는 나락들 보기에도
영 거시기한 일이다

땅골 밭의 소 몰아내라

바로 윗집 광종이 아버지
점심 든든히 드셨것다?

빵꾸 난 난닝구 차림으로
장독대 담벼락 위에 척 걸쳐 앉았것다?

어헝어헝 목 한번 풀고 나서는

땅골 밭의 소 몰아내라!
땅골 밭의 소 몰아내라!

워메 깜짝이여! 감나무 참새 새끼들
혼비백산이구요 이장님 방송 소리는
전파방해가 와불고요 1킬로가 훌쩍 넘는
강 건너 땅골 밭 소 뜯기던 땅골 애들
튀기 바쁘구요 냇가에 깨통 벗은 우리들은
서리한 땅골 밭 복숭아 먹는 재미에
해 가는 줄 모르구요

일하지 않는 자여 먹지도 말라

일하지 않는 자여 먹지도 말라
술김에 옛 노래 불렀다가 하여간
공산당은 지독해 나도 인공 시절 살아봤는디
너무 인색해서 못 사네 논에서 나락
모가지를 일일이 시서 세금을 멕인당께
갑작스런 노인네의 역공에
때 절은 주막 유리창만 바라보는데
보다 못한 형님들이 거들고 나선다
와따 행님같이 평생 일만 하다 꼬부라진
양반들은 당연히 잘 묵어야지라
근디 중간에 엉뚱한 놈들이 해 처묵고
설레발을 친께 하는 소리 아니겠소
거그서 무슨 공산당이 나오요
그 말이었어? 그라믄 묵을 자격 없는
놈은 묵지도 마라 이라고 불러야제
참말로 행님이 진짜 가수구마 다시
한 잔 허고 불러봅시다 묵을 자격
없는 놈은 묵지도 마라잉!

밥과 말

당신 밥 먹어요
같이 밥 먹읍시다

이 말이야말로
가장 따뜻한 밥이 아닌가

아랫목 이부자리 속에 넣어두던
오랜 기다림의 말이 아닌가

찬물에 적셔가며
일꾼들의 고봉밥을 쌓던 튼 손들과,
지나는 길손도 불러 앉혀 어여어여 한술 뜨라던

어느 초저녁의 평상을 기억하며
망연히 앉아 있는 내 뒤통수에 울리는,

172번 손님!
음식 나왔습니다아

똥구멍이 찢어지게 가난하다는

똥구멍이 찢어지게 가난하단 말
우리 나이라면 한 번쯤 들어봤을 거여
우린 풋감을 손 가는 대로 먹다가
똥꼬가 막혀 할머니가 꼬챙이로 파내던
여름날도 있었을 거여
요새는 너무 잘 묵어서 똥 못 싸는
사람들이 많은데, 먹을 것도 없는
그 시절에 왜 똥구멍이 찢어졌는지
항시 궁금했었제, 이해가 안되었제
오늘에야 나는 무릎을 쳤네
지나는 촌마을 노인네들의 술자리에
끼어, 옛날 먹을 것이 없어 소나무 껍질을
벗겨 죽을 쒀 먹으면 창시에 송진이 엉겨
붙어 똥구멍이 찢어졌다는,
하 그런 말이었다는…
똥구녁보다 가슴이 먼저
찢어지는 이야기였네

가을 산

가을도 늦가을이면
앞산은 어디론가 갑자기
이사를 가고 없다
날마다 창으로 마주 보던
그 산은 사라지고 없고
난데없이 쿵쾅거리는 음악 소리에
온갖 형형색색의 난전들이 들어서고
몰려드는 행락객들로 북새통을 이룬다
한바탕 축제가 다 끝나고
설핏 눈발이라도 치는 날이면
산은 옛 동네가 그리웠는지
밤사이에 슬그머니 이삿짐을 푼다

한의원에 가서

용하다는 한의원에 갔다
내 혓바닥과 맥을 짚던 의사가
깜짝 놀라며 무슨 일을 하느냐고 묻는다
머뭇거리다 농사일을 한다 하니
농사꾼이 무슨 스트레스가 이리 많냐 한다
농사일은 몸이 힘들지 마음은 편하지 않냐며
의아해한다 나는 순간 매우 당혹스러웠다
가슴의 피를 빼고 부항부터 뜨자고 한다
웃통을 벗고 누워 지나온 세월을 복기해
보려 했지만 가슴이 먼저 무거워졌다 이후로는
절대 스트레스를 받아서는 안 된다 한다
진단도 처방도 아닌 무슨 질책 같은
의사의 말을 곱씹으며 로비를 나오는데
부항 자국 멍든 가슴이 새삼 쓰려왔다

손발에게

내 손을 잡은 사람들마다
왜 이리 차냐고 한다

유난히 가늘고
긴 내 손가락 발가락들

어둡고 서툴던 이목耳目의 과오들을
묵묵히 받아낸 너희들,
거친 농사 20여 년에도 아직 용케 무사했구나

오랜만에 젖은 손발 찬찬히 내려다본다
여태까지 나는 저들의 수고로 먹고살았는데

오 쓸쓸한
나의 먼 다도해여

햇살도 기울어

햇살도 기울어
마룻장까지 가을이 왔다
무논의 모내기가 엊그제 같은데
쉼도 없이 가을이 왔다
한 해 농사의 끝이 보인다
논둑의 풀들도 더 이상 자라지 않고
추석 달이 기울면 가실이 시작되지만
거둘 것 변변찮은 들논을 바라보는
농부 가슴은 짠한데
장마 통에 늦심은 배추 포기들이
자기들은 이제부터가 봄날이라고
물 찬 제비 새끼들마냥
지지배 지지배로 까불거린다

3부
그보다 멀리

꽃보다이모*님들께

잘 돌아가셨는지요
잡초 속에서 누렇게 질려가던 나락들이
어느새 우쭐우쭐 힘을 차립니다
먼 길을 달려와 함께 논을 매는 일손들이 있어
작은 논두렁 하나 사이에도 나락은
전혀 다른 나락이 되어버립니다
논둑길을 사분사분 걸어오는 아름다움이며
꽃보다 진한 사람의 향기이며
무논에 발을 담그고
함께하는 사람들이 있어
대지는 비로소 목숨들 살아 춤추는
한여름의 들판이 됩니다
풀이라고 해서 어찌 모르겠습니까
그들을 위해서 흘리는 땀과 정성을
우리가 어찌 다 알 수 있겠습니까
저들이 베푸는 사랑과 용서를

* 부산 한살림생산자 일손 돕기 소비자 모임.

태풍 속 들논의 벼들

너희는 그곳에, 나는 여기에

오늘 밤 우리는 태풍을 노래하는 두 입술
묻지 말자 하늘과 땅이
이토록 가까워지며 어두워가는 것을

말하지도 말자
우리네 간절한 꿈 같은 것

하늘은 그저 숨 쉬기 위해 태풍을 몰아가고
대지는 받은 대로 돌려줄 뿐

가리울 것 없는 들판

우리의 마디를 키운 건
아프게 스쳐 가는 것들이었으니

오늘 밤은 우리 같이
잎사귀만큼만 흔들리고, 흔들리자

나는 본다

추석 달은 차오르는데
밤사이 누가 쥐불이라도 놔버렸나

온 논은 허옇게 말라가고
고개도 숙이지 못한 나락들이
따지듯이 나를 쳐다본다

어쩌다 이리되었을까

우린 모두 죽어라 자기 몫을 해온 죄밖에
없는 것 같은데

언제부터 날씨는
미친년 널뛰기를 시작하고
세 번이나 물에 잠긴 나락들

뒤늦게 피워 올린 이삭 몇 개 살려보겠다고

논바닥을 아프게 뒤척이며
종량제 봉투 속의 시간들을 게워내고 있다

지칠 대로 지쳐버린 나락들과
내 두 손으로는 도저히 어찌해 볼 수 없는
이 거대한 회복 불능 앞에서

나는 본다, 미친 줄 알면서도
미쳐가야 하는 것들의 슬픔을

나비효과

허연 눈물을 흘리며
죽어가는 코끼리 한 마리

신전 기둥 같은 다리가 무너지고
저무는 초원의 지평선이
마지막 가쁜 숨을 몰아쉴 때

둘러서서 우는 코끼리들의 울음소리

몰려온 하이에나 떼조차
조아리며 듣고 있는 그 울음소리가
여권 사진 한번 찍어본 적 없는
이역만리 농사꾼의 가슴을 친다

가도 가도 끝이 없는
건기의 강바닥을 파헤치다 쓰러진 코끼리여

싱싱한 풀과 강물이 넘치던
전답은 사막이 되고,
오가는 길목은 철조망에 가로막혔다

초원에 뛰노는 생명들을 이끌고
장엄한 사바나의 석양을 갈무리하던 너희들

철 따라 모심고 추수하듯
수만 년을 그렇게 살아왔을 뿐인데

빛나는 상아, 순하고 거대한 몸이
이제는 죄가 되어 죽어가는 동료를 둘러싸고 운다
우는, 너희들의 소리가

아프리카 초원의 울음이 되어
북극곰의 울음이 되어

영문도 모른 채 죽어가는 모든 어미들의 통곡이 되어

까마득한 지구 반대편
갈라진 논바닥 한가운데 서 있는
농사꾼 가슴에 휘몰아친다

피

뽑고 뽑아도 끝이 없는
징상스런 논바닥의 피야

니가 한때는
굶어 죽어가는 목숨줄 살리는
곡식이었다니,

얼마나 우스운 이야기냐,
우린 얼마나 멀리 와버린 것이냐

더 이상 너희는 곡식도 아니고
목숨도 아닌데, 나락보다 더 나락같이 서서
보란 듯 뻔뻔히 이삭까지 피워내는 것이냐

아서라, 정지간에 가마솥 뽑힌 지 오래고
쌀나무는 마트의 식품 매장 한구석에서 자란다
밥은 밥대로 햇반으로 김밥으로 굴러다니다가

급기야 탄수화물이 되어
뱃살 늘어진 인간들에게 공공의 적이 되었다

가을바람에 천천히 몸을 가누는
피야
굶주림의 역사 설움의 곡식들아

나는 너의 밑동을 부여잡고
생존의 절벽을 기어올랐고
무논의 시궁창에서 세상의 맨얼굴을 보았다

제아무리 지독한 농약을 뿌려대도
수천수만 년 뼛속에 흐르는 밥의 심줄은
저렇게 툭 툭 붉거져 나오는구나!

방아깨비 한 마리 뛰지 않는
망각의 들판 위에

화산처럼 반란처럼 솟구치는
피야
오 들끓는 목숨들아

춘파 春播

우수도 지나고 겨울잠 깨어
들판을 가장 먼저 물들여야 할 내 보리들은
겨우내 창고 속에 있었다

입동에 쏟아지는 폭우
파종을 하지 못한 보리들은
퀴퀴한 마대 자루 속에서 찬 몸을
더 차가운 시멘 바닥 위에 부려야 했다

우수는 파종 한계기
더 늦기 전 서둘러보는 춘파

경칩이 지나면 어엿한
보리밭이 되리라

가벼운 논둑길의 저녁

봄비가 내린다

시간당 30밀리의 폭우가 밤새 쏟아진다

그보다 멀리

나에게는 새로 산 이앙기가 있지
70마력이 넘는 트랙터가 있고
1억이 넘는 콤바인이 있다네

백 마지기 농사쯤이야 하루아침에 밀어버릴
기계화 군단이 있다네 어디 이뿐인가

농민후계자에서 전업농으로
전업농에서 농업경영인으로
초고속 승진을 거듭한 화려한 스펙이 있다네

있을 것은 다 있는데
보란 듯이 잘 살아보겠다는 열정도 있는데
물이 없다네,
논 갈아 모내기할 물이 없다네

1년 유예 5년 상환으로도 끌고 올

비가 없다네

그리 멀지 않은 곳에 농가부채가 있다네

그보다 멀리,
기후 위기란 말이 있었고

눈앞에 당장
갈라진 논바닥이 있다네

추석의 묵시록

올 추석을 기록한다

기록하지 않을 수 없다

처서 백로가 훌쩍 지난 8월 한가위
낮 기온 섭씨 36도,
체감온도 40도를 육박하는

최초의 추석을
추석의 최후를

쐐기문자로 기록한다

서기 2024년 9월,
생명과 자비의 태양신神께서

드디어 인간의 멱살을 잡아당긴 날이라고

사람 소리

사람 소리가 들린다

아직까지 한 번도
말을 붙여본 적 없는
걸어 잠근 문짝만 마주 보고 있는
고층 아파트 로비에서

두런두런 말소리가 들린다
사람 소리가 난다

12년 만에 도색 작업을 하는
인부들의 목소리란다

백주 대낮에 들리는 사람 소리가

한밤의 꿈결인 듯
장독대에 나리던 낙엽 소리인 듯
먼 데서 들려온다

이럴 수가

양철지붕 때리는 빗소리
얼마 만인가

처마에서 쏟아지는 빗줄기 얼마 만인지

몇 달 만에 쏟아지는
소낙비 소리에 주막을 나서니

이럴 수가!

황사 찌든 저잣거리가
순식간에

거대한 사원寺院으로 변하였다

국화 앞에서

15층 아파트 베란다에
노란 국화가 피었다

도심에 살면서도 전원의 즐거움
맛보시라고

깔끔하게 부엽토까지 부어놓은
실내 텃밭에 국화가 피었다

이젠 사군자도 명품을 쫓아 피는가

상추 토마토도 자라지 못한다는 이곳
농사꾼인 내가 봐도 신기해
향기 맡으러 달려갔다가,

아뿔싸!
흙 속에 박아놓은 플라스틱 화분이 아닌가

징검다리 2

청계천의 징검다리는
그냥 돌다리石橋로 수정되어야 한다

벌교 선근다리 가다 보면
옛적에 선근이란 사람이 새벽 강 건너
과붓집 찾아가는 아버지를 위해
놓았다는 그 다리,
조금 못 가서 열두 방천 아래
냇가를 건너는 징검다리가 있었다

홀아비도 과부도
장날이면 소 배가 터지도록
억지 물을 먹이던 소 장수도 건너고,
짓가락 소리 짤랑거리던 우리들도
건너다니던

흔한 막돌을 대충 놓은 징검다리

한쪽 귀퉁이로 물살이
살살 넘어가는

ㄱ ㄴ ㄷ ㄹ ㅁ
자음만으로 놓여 있던 그 다리를

넷이서 마시는데

넷이서 마시는데 셋이
두 시간 동안
골프와 주식 이야기만 하다 헤어졌다

별빛도 없는 가을 하늘을 올려다본다

공짜로 내리는 것은 그나마 눈비뿐이었는데
촌읍에도 이젠 드문 일이 되어간다

슬픈 돼지

동전이 꽉 찬 저금통을 들고
벌교 농협에 갔다
기계가 고장 나서 다음에 오라 한다
한참을 걸어 농협중앙회 지점으로 갔다
거래 통장이 있어야 넣어준다 한다
몹시 바람 불고 추운 날이었다
이놈 배 따봐야 오만 원인데
살아남은 조수석의 돼지 얼굴이
왠지 슬퍼 보인 날이었다

2023년 겨울

예수는 해마다
같은 날 태어나고
수염이 허연 산타클로스는
아직도 죽지 않았다

때마침 눈이 내려
더 뜨거운 성탄 전야

구세군의 자선냄비는
넘치는 법이 없고,
한 전쟁이 끝나기도 전에
또 다른 전쟁이 시작되었다

30밀리 대공 포탄이
어두운 하늘을 수놓는 밤

섬광보다 가까운 건

휘황한 거리의 네온사인

별빛보다 먼 것은
이 땅의
사랑과 평화

추수 끝난 논둑에 앉아

아직까지 용케 살아남았다
가도 가지 말라던 고향 땅에 들어와서
다 해도 하지 말라던 농사꾼으로 20여 년
돌아보면 우스운 이야기지만 아직까지
농협 경매도 안 잡히고 야반도주도 안 하면서
쌀농사 하나로 용케 잘 버텨왔다
이렇게 사는 것도 재주라면 재주겠지만
추수 끝난 들논에 앉아서 보노라니
정직하게 박혀 있는 저 벼 폭시들이
나를 붙들고 여기까지 왔다는 생각이 든다
이제 와서 농사가 미래산업이라고 하는
모양이지만 무지하게 당겨쓴 미래는 상상할
수 없고, 이제 저들에게 진 빚을 갚아야 한다는
생각이 든다 어쩌면 당연한 이야기고 이제는
그럴 때가 되었다는 생각을 해보다가도
나의 정직과 부지런만으로는 감당이 안 되는
또 다른 막막함과 두려움이, 10월 태풍이

쓸고 간 논바닥 앞에서 새삼 느껴지는 것이
사실이기도 하다

4부

수선이 가득 피면

우리들의 봄
-2022 한살림생산자 전남연합회 정기총회에 부쳐

천지의 운행과
나의 일과가 다르지 않고
남자의 일과 아버지의 일이 다르지 않다
열정과 보람이 비껴가지 않으며
천지 만물과 더불어 벗이 된다

세상에
이만한 일이 또 있겠는가

농사 형제들이여
전남연합회 동지들이여

다가오는 우리의 봄은 어떠한가

우리들의 새봄은 어떠해야 하겠는가

방사통

고장 난 건 목인데
머리통을 쥐고 밤잠을 설친 봄날

지친 몸의 하소연을
무시한 대가라 했다

병원 문을 나서니
나만의 일이 아닌 것 같다

어느 춥고 모진 세월을
보상받으려는가

원점도 없이 터지는 꽃들과
신경을 향해 치달아 기는

시푸른 4월의 방사통이여

수선이 가득 피면

뜰 앞에 수선이 가득 피면
몰려오는 빚쟁이도 두렵지 않다네

수선들이 일제히 손나팔을 불어
이리 외치기 때문이라네

내년 이맘때에 다시 오라

새봄의 이자는
꼬박꼬박 우리가 줄 터이니

가을 들판

자 이제 내 목을 쳐라!

익어서 고개 숙인 가을 들판이여

홀연히 짚 검불로 화해도 좋다는 저 여유로움은
드높은 가을 하늘로 푸르디푸르다

머잖아 사람들 선 채로 이삭을 털어 가고
빈 들만 남겠지만, 그것은 죽음이 아니고
패배는 더더욱 아니다

떨어진 그 자리 비켜서지 않으며
모진 비바람 타는 갈증에도
끝끝내 익은 이삭 히나 건네고 스러지는
저들의 인생은 도무지 실패란 게 없다

언제나 믿지 못해

두려움에 떠는 것은 우리의 몫,

짧은 늦가을 햇살에도
어느 순교자가 흘렸다는 핏방울처럼
잘린 벼 폭시마다 퍼렇게 새순 솟구친다

그대여

들논 멀리
기역 자로 허리 숙여 논매는 이 있거든

그대여
가던 길 잠시 멈추고 바라봐 주게

흙벽 속에 묻고 떠난 옛사람이
그곳에 있으니

거리낄 것 없는 길, 달려온 시간들이
검은 등 뒤로 열리는
저 훤한 논고랑이 아니었겠는가

가도 가도 만날 수 없는
땡볕 속의 저 사람

그제사 허리 펴고 바라보거들랑

그대 빌어주게나

시원한 바람 한 줄기라도

새 마루

빗물에 썩어 주저앉은 마루를
새로 놓았다 폐허가 집이 되고
해 뜨기 전이어도 마당이 훤하다
이제 다시 저기에 앉아 푸르러가는
앞산을 바라보며 막걸리를 마시고
오후 햇살에 졸기도 할 것이다
언제부턴가 시골집들에도 마루가
사라졌다 마루가 없는 마당은 좁고
쓸쓸하고 각박한 것이다 마루가 놓이면
하늘과 바람이 들르고 사철의 들판과
냇가에 드리운 앞산까지 한 마당에 들이는 일이다
하물며 사람이야 오늘은 벗들과 모여
막걸리 한잔도 흥겨울 것이고 그렇게
알게 모르게 손때를 타가면서
새 마루도 어느덧 편안해질 것이다

다시 가을

흰 고무신
씻어
마루 끝에 세워놓는다

백일홍 흰 처마
단청이 바래고

나뭇잎 사이로

작년 이맘때에 부친
편지가 왔다

보내고 받는 이의
이름이 같은

소 2

고구마 대가 완전히 마르고 싸락눈이 칠 때쯤이면 대문
위에는 짚으로 엮은 금줄이 쳐지고 외양간 앞에는 할머니
가 떠다 놓은 물 한 사발이 헌 상 위에 놓여 있었다

아버지는 그날따라 쌀겨를 더 넣어 쇠죽을 끓이시고 나
는 마루에 책가방을 던져놓고 외양간으로 달려갔다 아궁
이 잉걸불에는 고구마가 익고 김 오르는 쇠죽을 먹는 어
미 소의 다리 사이로 간밤에 낳은 새끼 송아지가 살며시
고개를 내미는 것이었다

작은 콧등이 젖은 송아지는 어미 뒤에서 나를 한참이고
쳐다보다가는 저도 짚풀 하나를 물고 주억거리기도 하고
어미에게 몸을 부비기도 하면 어미 소는 고개를 돌려 새
끼의 등이며 목덜미를 몇 번이고 핥아주는 것이었다

밤이 깜깜해지도록 기다리는 나는 아랑곳도 없이 송아
지는 머리를 치받으며 젖을 빨기 시작하고 어미 소는 두

어린것을 곁에 두고 워낭을 당그랑거리면서 여물을 다 먹을 쯤에서 문밖에는 하얀 눈이 함박눈이 펑펑 내리는 것이었다

발자국

갯바위까지 물든 남해 늦가을 오후
인적 끊긴 해수욕장 모래밭 위에
두 사람의 발자국이 다정하였다
나란한 발자국 따라 나도 걸어보는데
어느 순간 한 사람의 것은 보이지 않고
더 깊어진 발자국 하나만
해변 끝까지 남아 있었다
추운 파도가 아무리 몰아쳐도
지워지지 않을 것 같은 발자국 앞에서
혼자 걷는 내 등이 왈칵 따뜻해졌다

쓸쓸함에 대하여

… 같은 것이라면

그냥 그러하였다고 말할 수도 있겠지만은,
이장인 나를 붙들고 간절히 공공근로 일자리를 부탁하는
칠순 노인네의 눈빛 같은 것이라면

민들레꽃

나는 아직
못자리도 시작하지 않았는데

마당가의 민들레는 홀씨를 날리고 있다

꽃 필 수만 있다면
익어 터져 날릴 수만 있다면

언제 어디든지
제 한 몸을 확 그어

불꽃 송이 노란 꽃을 피워내는 민들레

서슴없이 뜨거운 ㄱ 앞에서 문득
숙연해지는 것은

밤하늘을 수놓는 별똥별처럼

어두운 시대의 가슴에 자기를 그어

불꽃으로, 불꽃으로 타오른 민들레의 투혼들이
이 땅의 봄 강산에 묻혀 있기 때문이다

숲

신병훈련소를 퇴소하는 날
물푸레나무 같은 청춘들이
연병장에 도열해 있다
나도 한때 이런 날이 있었다
오와 열을 맞춘 나무들이 무성한 이곳을
나는 아직도 숲이라 부르지 못한다

섣달

추수 끝난 다랭이 논이
이리 넓었는가

벼 폭시 발목에 차는 논바닥이
왜 이리 깊은가

언 땅에 계시는

아버지

어머니

겨울 산

발바닥이 뜨거워 오른 산
때마침 눈이 내린다 사라지고
또 사라지는 내용 없는 갈피 속으로
그냥 갔으면 싶은데
간밤 전화 속 형님의 목소리가
등걸처럼 걸린다 아직까지 한 번도
자살은 생각해 본 적이 없지만
그럴 수도 있겠다는 생각이 이제는 든다
청춘을 다 바쳐 그가 만든 배들은
오대양이 좁다고 누비고 다니지만
일터에서 쫓겨난 조선소의 정문 밖은
파도만 몰아치는 망망대해였다
받쳐줄 것 없는 겨울 산의 눈들은
작은 바람에도 아우성치며 자리를 비켜 앉는다
돌아가야 할, 인적 끊어진 능선길이
옛집 정지간의 저녁 아궁이처럼
내 앞에서 자꾸 환하다

붉은 노을

간혹,
그런 것들

상처도 없이
나의 허리를 베고 가는 것들

앞서 걷는 동네 엄니들
굽은 등에서 울리는

붉은
범종 소리

추석 달

짚가리 너머
댓잎에 스치던 달

큰샘가 토란잎 위에
구르던 달

우람하던 담벼락들 잇몸처럼 주저앉고,
내가 알았던 모든 것 쓸쓸해지거나
작아졌지만

모처럼 와자한 지붕 위에
멀쩡히 다시 뜨는
저 달

달은 평생
어두운 객지를 떠돌았지만

바라보는 이에겐 언제나 고향이었다

다큐멘터리

언 강을 걸어
사원으로 돌아가야 한다
집에서 보내는 마지막 밤
동네 친구들과 골방에 모여
보릿대춤을 추고, 낡은 공책 속의
먼저 집 나간 친구의 사진을 더듬는다
쏟아지는 별빛도 얼어붙는
차마고도의 밤
양치기 마을을 떠나 더 큰 세상으로
가는 길은 출가밖에 없는 티벳의 소녀
어린 동생은 마구간에 숨어서 울고
청석 같은 여인의 얼굴에선
눈물이 흐른다
그토록 설레고도 두려운
밤 기차를 타던 누님들이
있었다.

알배추

겨울을 난 알배추 하나
식탁 한가운데 세워노니

장하구나, 부엌이 환하다

헐은 햇살 받아먹고, 한데에 서서
서로의 포옹만으로
이리 뜨겁게 밝아질 수 있다는 것

단단히 휘감은 너의 정수리는
어느 꽃 몽우리보다 아름답고 진하다

무통無痛으로 오는 봄은 없느니라

얼었다 풀리기를 몇 낮
몇 밤, 이제는 단맛까지 도는
너의 노란 등피燈皮를

우리는 한 겹씩 뜯어 씹으며
꽃샘추위의 밤을 이긴다

분노의 칼'과 '연민의 혀'가 만날 때

이문재 시인·전 경희대 후마니타스칼리지 교수

나는 본다, 미친 줄 알면서도
미쳐가야 하는 것들의 슬픔을
(「나는 본다」 중에서)

1.

요즘은 시인 약력을 색다르게 쓰기도 하지만, 그 시절에는 천편일률이었다. 생년, 출생지, 학력, 등단 연도와 매체……. 내용과 순서가 정해져 있었다. 1988년 첫 시집을 낼 때 나도 예외가 아니었다. 그런데 '1959년 경기도 김포에서'로 시작하다가 나도 모르게 출신 성분을 밝혀놓았다. '농부의 아들로 태어났다'라고 덧붙인 것이다. 당시에는 무심코 넘겼는데 중년으로 접어들면서 고개를 갸웃거리곤 했다. 왜 그랬을까.

아버지가 만주 벌판을 말달리던 독립투사였다면 모를까(설

령 그랬대도 밝히지 않는 게 미덕이다), 농사꾼 자식으로 나고 자란 것이 무에 그리 대단하다고(베이비붐 시대에는 열에 일고여덟이 시골에서 태어났다), 그것도 첫 시집 맨 앞에다 적어놓았단 말인가. 소작농을 겨우 면한 농사꾼 집안에 대한 자부심이 있을 리 만무했다. 그러면 열등감이 비틀려 표출된 것일까. '수돗물 먹고 자란 놈들'에 대한 촌놈의 적의가 담긴 것도 아니었다.

사실 아버지는 빼어난 농부였다. 늙은 농부가 일구는 논밭은 질서 정연했다. 아름다워 보이기까지 했다. 아버지는 소나 닭 같은 가축도 잘 키웠고 마을 대소사를 다 챙겼다. 하지만 늙은 아버지와 어린 막내(나는 쉰둥이였다)는 그리 살갑지 않았다. 길게 대화를 나눈 적이 없다. 다만 기억나는 한마디―"얘는 농사는 못 짓겠구나." 바람결에 들은 그 한마디가 막 10대로 접어드는 어린 아들에게 상처로 자리 잡았다.

나는 몸집이 작은 데다 일머리가 없었다. 삽이나 낫을 제대로 다루지 못했다. 어쩌다 지게를 지면 넘어지기 일쑤. 아버지는 일 나갈 때 어린 아들을 소 잔등에 태우기는 했지만 농사를 가르치지는 않았다. 이런 기억이 첫 시집 프로필에 '농부의 아들로 태어났다'고 쓰게 한 것인지 모르겠다. 달리 말하면, 농부에 대한 막연한 존경심과 농사에 대한 무력감이 무의식 저 아래에 똬리를 틀고 있었을 것이다.

2.

나는 어설프게 시인이 되었다. 20대 초반 대학생 때, 신춘문예나 신인상 같은 정식 절차를 거치지 않고 시를 발표하게 된 것이다. 민족 문학, 노동 문학, 도시 문학 등등 문학이 여러 '모자'를 쓰고 있던 1980년대, 농민 문학은 뒷방 노인네 취급을 받고 있었다. 노동자 시인, 교사 시인, 심지어 경찰 시인도 있었지만 '농부 시인'은 그리 많지 않았다(아니, 많았는데 주목하지 않았을 것이다). 지금도 같은 생각이지만 나는 최고의 시인이 농부 시인이라고 믿는다. 아니, 농부가 진정한 농부라면(기업농을 하는 '농업경영인'이 아니라면) 그는 이미 시인이다. 농부는 흙에다 몸으로 시를 쓰는 신성한 존재가 아니던가.

농부 시인은 시를 두 번 쓴다. 한 번은 땅을 일구면서 몸으로 쓰고, 다른 한 번은 그것을 '손으로' 옮겨 쓴다. 농부 시인은 '땅에 뿌리 박은' 자기 삶을 모어로 번역하는 시인이다(도시에서 살아가는 시인은 '뿌리 없는/뽑힌' 시인이다). 여기서 농업과 농사는 구분돼야 한다. 농업은 산업의 한 형태이고, 농사는 '자급자족을 위한 생업'이다. 농업이 전적으로 경제 논리에 포섭되어 있다면, 농사(가족농, 소농)는 천지자연의 섭리에 순응하는 생명의 일이다. 농업이 곡식과 가축을 '공산품'으로 여긴다면, 농사는 그것을 우주의 선물로 받아 모신다. 농업경영인이 바라보는 땅과 농부의 땅은 그래서 천양지차다. 농업인은 땅에서 돈을 보고, 농부는 땅에서 천지신명을 만난다.

그럭저럭 시를 발표하면서 몇몇 시인을 벗으로 삼게 되었는데 그중에서도 농부 시인이 각별했다. '땅에 뿌리 박은 삶'을 사는 시인을 마주할 때면 부러움을 넘어 부끄러워질 때가 많았다. 도시적 삶에 적응하기 위해 애쓰는 나의 삶이 누추해 보이고, 산업문명을 비판하는 데 급급한 나의 시가 무기력했던 탓이다. '대지의 상상력'을 만날 때마다 '거대도시에서 어떻게 시를 쓸 수 있단 말인가'라는 자조 섞인 탄식이 떠올랐다. '땅'을 외면하는 시, 농農의 가치를 배제하는 시, 원초적 생명력으로부터 멀어진 시가 어떻게 좋은 시일 수 있는가. 나의 시는 상당 기간 디아스포라 신세였다.

농부 시인 선종구의 시를 뒤늦게 접하면서(그는 전남 벌교에서 농사를 지으면서 두 권의 시집을 펴냈다) 위와 같은 개인사적 배경을 떠올리지 않을 수 없었다. 선 시인의 시를 좀 더 일찍 만났더라면 내 사유와 삶이 조금이나마 더 깊어졌을 텐데……. 만시지탄이다. 눈을 크게 뜨고 선 시인의 『춘파春播』를 읽는다. 시인이 뿌려놓은 씨앗을 독자와 함께 싹을 틔워보려는 심산인데, 나의 '마음밭'이 비옥하지 못해 발아가 제대로 될지 걱정이다.

춘파, 춘, 파— 입 밖으로 소리 내 보면 그 파동이 얼마나 생생한가. 어떤 힘이 안에서 응축되었다가 사방으로 발산되는 듯하지 않은가. 우리, 오독誤讀을 해도 '죄'가 되지 않는다는 독자의 권리를 앞세워 파종을 해보자('파종'도 소리 내 읽어야 한다).

시인의 논밭으로, 마을로, 삶 안쪽으로 들어가 보자. 그리하여 뒤돌아 나올 때는 부디 튼실한 열매 몇 개가 손에 쥐어지기를 기대해 보자.

3.

조금 투박한 독법이지만 나는『춘파』를 세 덩어리로 나눠 읽고자 한다. 분노의 시, 연민의 시, 그리고 생명애生命愛의 시. 무너져 가는 3농(농업, 농촌, 농민)의 한복판에서 농부 시인이 분노하지 않는다면 그를 진정한 농부, 깨어 있는 시인이라 말할 수 없을 것이다.

우리는 이 대목에서 분노와 화를 구분해야 한다. 화가 사적이고 감정적인 분출이라면, 분노는 공적이고 논리적인 주장이다. 서양의 한 선각이 말했듯이, 진정한 분노는 창조적 행위, 즉 변화와 혁신으로 이어진다. 공적 표현인 분노는 사회적 연대를 통해 분노 이전과 다른 새로운 시간을 열어젖힌다(그래서 촛불 혁명은 미완이다. 일시적으로 사회적 연대를 이뤄냈지만 그것이 성숙한 민주정으로 승화하지는 못했기 때문이다).

시집『춘파』곳곳에 녹아 있는 시적 분노가 곧바로 '창조적 변화'를 불러온다고 말하기는 어렵다. 시를 읽고 벌떡 일어나 깃발을 치켜들 독자가 몇이나 되겠는가. 시적 분노와 사회적 분노는 실천 경로가 다르다. 잘 다듬어진 시적 분노는 독자로 하여금 '이것이 내가 원한 삶인가, 이런 세상을 후대에 물려줘도 괜찮은 것인가'라는 질문을 붙잡게 한다. 이런 근본적 질문을 놓치지 않는다면 이 질문은 독자 자신의 삶과 만나고 새로운 이야기가 되어 이웃으로 번져나간다. 사회화하는 것이다. 그렇다. 좋은 시는 화자를 통해 우리가 당연시하는 삶과 세계를 다시 보도록 자극한다. 우리 안팎의 낯익은 것들을 일순 낯설게 함으로써, 번쩍, 정신을 차리게 한다. 좋은 시는 낯익은 세계에서 낯선 세계를 가리킨다.

농부 시인의 시적 분노가 직설적으로 드러난 시 가운데 하나가 「이제는 남의 땅」이다. 이상화의 육성―'빼앗긴 들에도 봄은 오는가'가 들리는 듯한 이 시는, 화자가 처음으로 마련한 금쪽같은 논배미를 빚을 탕감하기 위해 팔아넘긴 이후의 애타는 심경을 노래한다. 젊은 농부가 제힘으로 장만한 첫 논, 그 땅은 얼마나 감격스러웠으랴. 천하를 다 품어 안은 기분이었으리라. 그런 논이 형질이 변경되어 "따블로 되팔"린 것이다.

논은 "시세 차익이 자라"고 "건설 폐기물"과 "쓰레기 더미가/ 올라타서 더러운 폐수를 사정射精해 대는" "갈보가 되"고 말았다. 하지만 시의 화자는 거기서 돌아서지 않는다. 봄이 오면 "밤마다 젖이 불어 우는 논의 울음소리를" 듣는다. "젖이 불어 우는 논"이라니! 누구에게도 들리지 않는 생명의 신음을 듣는 것인데, 나는 이 대목에서 샤먼의 실루엣을 본다. 인간과 비인간

존재를 연결하는 샤먼. 그렇지 않은가. 좋은 시인은 예민한 영매이기도 한 것이다.

시세 차익을 두 배 이상 받아 챙긴 "남의 부동산"에서 "젖이 불어 우는 논의 울음소리를" 듣는 샤먼이자 농부인 시적 화자가 지구온난화에 따른 기상이변을 목도하면서 "어쩌다 이리되었을까"(「나는 본다」)라고 질책하는 것은 당연지사. 가뭄과 폭우가 번갈아 기승을 부리면 농사는 망칠 수밖에. 기후 재앙은 이제 "거대한 회복 불능" 단계에 접어들었는지도 모른다.

시인은 급기야 "미친 줄 알면서도/ 미쳐가야 하는 것들의 슬픔"과 마주한다. 그런데 저 슬픔은 대체 누구의 것인가. 세상이 잘못되어도 크게 잘못되었음을 알고 있으면서도 세상을 거부하지 못하는 농부의 슬픔만큼 깊은 분노가 또 어디 있으랴. 농약과 비료를 살포하는 농업이 반인간, 반생명, 반자연적이라는 사실을 알면서도 그리할 수밖에 없는 현실 앞에서 농부들은 일종의 인지부조화에 시달릴 수밖에 없다.

화학 농법뿐 아니라 농기계도 한계가 빤하기는 마찬가지다. 트랙터, 콤바인, 이앙기 등 농촌을 점령한 "기계화 군단"(「그보다 멀리」)은 겉으로는 번지르르해 보이지만, 기계가 비를 내리게 할 수는 없다. 제아무리 현대화, 기업화한 농업이라 해도 비를 "1년 유예 5년 상환으로도 끌고 올" 수 없는 것이다. 농업의 기계화가 농가부채의 그럴듯한 외피外皮라는 사실보다 더 심각한 사태는 농업도 석유와 전력에 의존하고 있다는 사실이다.

화석연료와 전기가 공급되지 않는다면 농업경영인은 그 순간 주저앉고 만다. '자연의 섭리'는 첨단 기계와 최신 기술로 대응할 수 없다. 농업경영인에게는 없고 농사짓는 농부에게는 있는 것이 있으니, 다름 아닌 '겸손한 마음'이다. 하늘을 우러르고 땅에 엎드리며 천지신명께 두 손을 모으는 겸허한 마음가짐 말이다.

자본의 논리에 휘둘리는 산업농보다, 붕괴되는 농촌 공동체보다 더 큰 문제가 기후 재앙이다. 극한기후의 피해를 가장 먼저 받는 분야가 농업이다. 시인은 「추석의 묵시록」에서 "처서 백로가 훌쩍 지난 8월 한가위"의 낮 최고기온이 "섭씨 36도"라고 "쐐기문자로 기록한다". 2024년 추석이 "최초의 추석"이자 "추석의 최후"라고 규정한다. '지구에 불을 지른' 방화범은 우리 인류다. 정확히 말하면 산업문명의 과도한 활동—대량생산, 대량유통, 대량소비, 대량폐기의 악순환이거니와, 이를 보다 못한 "생명과 자비의 태양신神께서" "인간의 멱살을 잡아당긴" 것이다.

어디 2024년 추석만 그러하랴. 우리가 현재와 같은 가치관과 삶의 방식을 고수한다면, 우리가 맞이하는 하루하루가 매번 '최초이자 최후'가 될지도 모른다(지난여름이 그러하지 않았는가). 나는 이를 두고 '끝이 시작되었다'라고 말해왔다. 끝이 시작되었으니, 끝이 끝나기 전에 다시, 새로 시작해야 한다고 강조해 왔다. 한마디로 전환! 생각의 전환, 생활의 전환, 생태문

명으로의 전환이 절체절명의 과제다. 이 위기를 전환의 기회로 바꾸지 못한다면 우리 인류의(지구 행성이 아니라) 미래는 사라지고 말 것이다.

어쩌면 거대한 위기의 근본 원인 중 하나가 3농에 대한 경시는 아니었을까. 우리가 익히 알고 있듯이, 두어 세대 전만 해도 우리나라는 농업국가였다. 대다수가 자부한다는 한강의 기적은 저 '3농의 희생' 위에서 가능한 것이었다. 산업화, 도시화, 정보화, 세계화는 농업을 전근대, 반근대라고 낙인찍으면서 숨 가쁘게 진행되었다. 농업을 낙후 산업으로, 농촌을 도시의 배후 기지로, 농민을 값싼 노동력으로 치부하는 동시에 천지자연을 압축 발전의 (무한한) 수단으로 여긴 것이다.

우리가 유념하지 않는 팩트 중 하나가 모든 선진국이 농업국가라는 사실이다. 일부 도시국가를 제외하면 프랑스, 독일, 캐나다, 미국, 호주 등 선진국의 식량 자급률은 100% 이상이다. 그런데 대한민국의 위정자들은 말할 것도 없고, 일부 지식인이라고 자처하는 자들도 농업을 '후진국의 전유물'이라고 생각한다. 반도체, 조선, 철강으로 돈을 벌고 식량은 외국에서 '값싸게' 수입하면 된다는 것이다. 이 얼마나 소아병적 발상인가.

'밥이 하늘'이라고 말하려는 것이 아니다. 식량은 생명줄이다. 식량 수출국이 항구를 봉쇄한다면 우리는 상상조차 하기 싫은 '지옥도'를 경험하게 될 것이다. 우리의 식량 자급률은 쌀을 제외하면 21% 대다(한때 100%에 달하던 쌀 자급률도 92% 대로 떨어졌다). 여기에 에너지 자급률이 3%에 불과하다는 현실을 고려하면, 기후 재난이나 전쟁이 발발해 해상 무역로가 막힌다면 이 나라는 몇 개월을 버티지 못한다.

우리 사회가 '3농'을 멸시하게 된 근원 정서를 떠올리게 하는 시가 있다. 「욕의 기원」. 우리가 흔히 쓰는 욕설 중에 "싸가지 없는 새끼" 또는 "싹수가 노란 놈"이 있다. 그런데 "싸가지"와 "싹수"에서 옛날 농부를 떠올리는 이가 몇이나 될까. "싸가지가 없거나, 싹수가 노란 해年는" 먹을 것이 없어 죽어 나가는 흉년이거니와 농사가 전부인 옛사람들에게 "이 욕은/ 욕 중에서도 큰 욕이었다". 욕이 왜 생겼는지, 그 욕설에 어떤 시대와 역사가 담겼는지 알지 못한 채 욕을 주고받는 사이에 우리는 농農의 의미와 가치를 폄하하게 된 것은 아닐까.

만일 우리가 '모든 것은 땅으로부터 온다'는 자명한 진리를 존중했다면, 저런 몹쓸 욕설은 생겨나지 않았을 것이다(조선의 숭유억불 정책 탓에 불교 용어가 저잣거리 비속어로 전락한 것도 같은 맥락일 테다. 야단법석, 횡설수설의 원래 뜻을 되새겨 보자).

시집 『춘파』에서 분노의 스펙트럼은 크게는 '불타는 지구'에서 작게는 '돈밖에 모르는 이웃'에 이르기까지 폭이 넓다. 그 중에 「넷이서 마시는데」라는 짧은 시가 있는데 농촌의 민낯이 가차 없이 드러난다. "넷이서 마시는데 셋이/ 두 시간 동안/ 골프와 주식 이야기만 하다 헤어졌다". 셋이 하는 대화에 끼어들지 못한 하나가 누구인지는 굳이 밝히지 않아도 알 수 있다. 집으로 돌아가는 길, 화자는 이제 시골에도 "공짜"가 다 사라지고 없다며 허탈해한다. 농촌의 붕괴, 농업인의 내면을 이렇게 짧은 시로 드러내다니. '하나로 열'을 말한 것이다.

이 시뿐이랴. 「나비효과」 같은 시에서 우리는 시의 상상력이 얼마나 크고 넓은지 살필 수 있다. 아프리카 대초원에서 죽어가는 코끼리 영상을 지켜보는 "이역만리 농사꾼"(외국 여행을 해본 적이 없다)은 열대 초원에서 훌쩍 지구 반대편의 북극곰을 떠올린다. 사바나에서 목숨을 잃은 코끼리와 발 디딜 빙산이 없어 우는 북극곰이 "갈라진 논바닥 한가운데 서 있는/ 농사꾼"과 하나로 연결되는 것이다. 지구 생태계를 구성하는 모든 존재는 이처럼 서로 연결되어 있음을, 서로 긴밀하게 영향을 주고받고 있음을, 시인은 행성 차원에서 일깨우는 것이다(이어서 「다큐멘터리」를 읽어보시길).

4.

이쯤에서 이렇게 정리해도 되겠다. 선종구 시인의 '분노의 서사'는 「넷이서 마시는데」와 「나비효과」 사이, 즉 지역(무너지는 마을)과 지구(불타는 행성) 사이에서 발휘된다고. 그런데 선 시인의 상상력이 3농의 붕괴와 산업문명의 폐해에 대한 분노에서 그쳤다면 이번 시집은 뭔가 부족해 보였을 것이다. 시집

『춘파』의 분노는 연민으로 이어지면서 분노를 분노답게 하고 연민을 값싼 동정으로 추락하지 않게 한다.

연민 없는 분노는 자칫 독선이나 배제로 흐르기 쉽다. 진정한 연민은 자기 성찰과 감정이입을 동반한다. '나'를 돌아보지 않고 '내가 너의 입장'이 되지 않는다면 연민은 동정이나 일방적 시혜로 전락할 수 있다. 선종구의 시에서 연민은, 사회학자 리처드 세넷이 말한 '자아의 외출'과 흡사하다. 자아가 자기 '피부 밖으로' 나갔다가 되돌아오는 것. '피부 밖으로 나가는 자아'는 최근 들어 내가 기회가 생길 때마다 되풀이하는 시 창작론 중 하나다.

세넷의 저 표현을 만나기 전까지, 나는 자아가 언제든 원하기만 하면 '피부 밖으로 나갔다 돌아온다'고 생각했다. 그런데 아니었다. 깊이 생각하지 않은 것이었다. 그것은 공감이었다. 공감과 감정이입은 달라도 크게 다르다. 공감이 '피부 안에 갇힌 자아'의 심리 작용이라면, 감정을 이입하는 행위는 보다 적극적이다. '내가 밖으로 나가 너/그/그것이 되는' 마음의 활동이다(제대로 된 의인화도 이와 같을 것이다. 나는 '역의인화'를 권유하기도 한다).

자, 이제 「발자국」이란 시를 보자. 배경은 늦가을 오후 남해 바닷가. "인적 끊긴 해수욕장 모래밭 위에/ 두 사람의 발자국이 다정하였다". 우연히 네 개의 발자국을 본 '나'는 상상력이 발동한다. 감정이 아니라 아예 몸이 '이입'을 시도하거니와,

나란한 발자국 따라 나도 걸어보는데
어느 순간 한 사람의 것은 보이지 않고
더 깊어진 발자국 하나만
해변 끝까지 남아 있었다
추운 파도가 아무리 몰아쳐도
지워지지 않을 것 같은 발자국 앞에서
혼자 걷는 내 등이 왈칵 따뜻해졌다

최근 몇 년 사이, 나는 이렇게 강력한 감수성을 읽어본 적이
없다. 아마 연인이었을 터. 둘이 나란히 걷다가 남자가 여자를
업었을 것이다. 그때부터 발자국은 깊어졌을 테고, 그 순간 업
고 업힌 두 사람의 사랑은 얼마나 더 뜨거워졌을까. 문제는 그
다음이다. 혼자 발자국을 따라가는 "내 등이 왈칵 따뜻해"지는
것이다. "두 사람"의 사랑 속으로 들어갔다가(이입) 다시 '나'로
돌아오는 것이다(재이입/귀환). 놀랍지 않은가. 보이지 않는 것
을 보아내는 것에서 그치지 않고, 없는 사람의 온기를 "왈칵"하
고 느끼는 화자의 감정이입 능력은 얼마나 대단한가.

독자인 우리도 상상할 수 있거니와, 화자가 업어주고 싶었던
'지금은 곁에 없는' 그 사람은 누구였을까. 그의 잔등을 "왈칵"
덥혀준 그의 그 사람은 어디에 있을까. 세월이 아무리 흘러도,
그 사람은 잊히지 않을 것이다. 그런데 이보다 더한 '연민의 시'

가 있다. 혼자가 아니라 서로의 마음이 '피부 밖으로 마구 달려 나가는' 절창이 또 있다. 「젊디나 젊은 사람이」란 시. '젊디나 젊은 농부'가 바닷가 포장마차에서 '죽지도 않았는데 살아나 는' 드라마 같은 장면이 여간 실감 나는 게 아니다.

바쁜 농사일을 마치고 간만에 '폼 나는 여행'을 해보겠다며 혼자 나선 길. 진도 해변의 한 포장마차에서 "여행자의 객수에/ 젖어" 이른바 혼술을 하고 있는데 "여그 사람은 아닌 것 같은디 어디서 오셨스까?" 하고 옆자리 중년 여인네들이 말을 걸어온 다. '나'는 "가까운 전라도에서 왔습니다"라고 짧게 답하고는 "우아하게 폼 잡은/ 내 고독"으로 돌아가려는 참인데, 여인네 중 하나가 대뜸 "젊은 사람이 살아야제!"라며 불쑥 끼어드는 것 아닌가. 포장마차 분위기가 심상치 않게 돌아가는 것이었으니,

나 그런 사람 아닙니다, 아니긴 뭐가 아니여
딱 본께 기구마, 잔 들고 이리 와보씨요

살다 보면 오르막도 있고 내리막도 있는 것이제
항시 좋타요, 그런 맴으로 더 독하게 살아야제
젊디나 젊은 사람이!

술잔은 연거푸 쏟아지고, 구절양장 같은 여인네들의
인생사가 펼쳐지고, 늦게 합석한 두 남정네의 파란만장

까지가 진도의 겨울 밤바다에 끝도 없이 이어졌다
공짜 술에 취한 나에게, 이담에 꼭 다시 보자는 말과
함께 택시비까지 쥐여주며 그들은 떠났다

나는 그곳에 죽으러 가지 않았지만
다시 살아 돌아왔다

이런 시에 몇 마디 사족을 덧대는 것은 시에 대한 예의가 아니다. 땅과 물이 죽어가고 검은 하늘에는 솟아날 구멍이 없어 보이지만, 아직 우리 호모 사피엔스에게 공감과 감정이입, 의인화를 할 수 있는 능력이 남아 있다. 갓난아기보다 반려동물이 더 많고, 인공지능AI이 우리의 창의력을 앗아 간다고 난리다. 초연결사회가 오프라인의 연결을 저해한다고, 세대 간 단절과 인종 차별이 심각한 단계를 넘어섰다고 목청을 높이지만, 우리에게는 아직 "잔 들고 이리 와보씨요"라며 손을 내미는 마음들이 있다. "그곳에 죽으러 가지 않았지만/ 다시 살아 돌아" 오는 그런 결정적 순간이 누구에게나 있는 것이다.

그렇다. 한순간, 삶이 아름다워 보이고, 세상이 살 만하다고 느껴지는, 그런 '필연 같은 우연'이 없는 인생이 어디 있으랴. '피부 밖으로 나가는' 감정이입이 우리가 아직 자본의 논리에 빼앗기지 않은 '오래된 미래' 중 하나다. 그런데 연민의 위력을 한층 고양하는 방법이 있으니, 연민을 서로 나누는 것이다. 연민을 선물처럼 서로 주고받으면 "죽으러 가지 않"고서도 "다시 살"수 있다. 더 잘 살 수 있다.

5.

애초에 글을 짧게 쓰려고 했다. 그마저도 「칼」이라는 시 한 편에 집중하려 했다. 「칼」 한 편으로 충분하다고 생각했다. 세 연으로 된 짧은 시인데 메타포, 즉 시적 발견이 나 같은 '동업자'를 놀라게 할 정도였기 때문이다. 사람이, 관계가, 인생이 "간곡하고 아름다울 수 있"으려면 칼집 속의 칼, 입속의 혀를 잘 간수해야 한다는 메시지가 "서늘한" 빛을 발하고 있다. 때와 장소에 따라 칼과 혀를 제자리에 있게 하는 주도력, 이것이 주인 된 자의 필수 요건이라는, 세련되고도 품위 있는 시적 언질이다. 그렇지 않은가. 좋은 시는 메타포(이미지라 해도 좋다)와 메시지가 균형을 이룰 때 절창의 자리로 성큼 올라선다.

칼과 혀가 문제적인 까닭은, 저 (같으면서도 다른) 둘이 '내 것이되, 내 것 아닌' 경우가 자주 발생하기 때문이다. 칼과 혀로 대표되는 양면성(양가감정)은 우리를 얼마나 괴롭히는가. 칼은 무기와 도구 사이에서, 혀 또한 덕담과 악담 사이에서 제자리를 찾지 못하고 치명적 실수를 저지르곤 한다. 우리는 칼이 언제 칼집 안에 있어야 하고 혀가 언제 입안에 가만히 있어야 하는지, 예컨대 언제 분노하고 언제 용서를 빌어야 하는지 쉽게 판단하지 못한다. 우리의 탐진치貪瞋痴가 '칼집'과 '입술'을 우리 것이 아니게 하는 것인데, 같은 시인 동업자로서 나는 '칼과 혀'를 단속하는 방법—탐진치 퇴치법을 아직 터득하지 못하고 있다. 그러니 거듭거듭 시를 읽을 수밖에.「칼」전문이다.

칼은 칼집 속에 있을 때
가장 날카로운 것

색감도 없이
서늘한 이것으로
어찌해야 간곡하고 아름다울 수 있겠는가

칼은,
인간의 혀를 본떠 만든
가장 오래된 무기일 테다

앞에서 우리는 선종구의 이번 시집의 영토가「넷이서 마시는데」와「나비효과」를 양극으로 삼고 있다고 했는데, 이쯤에서 조금 수정해야겠다. 내가 보기에, 그의 시를 지탱하는 '분노와 연민'은 생명애를 근거로 한다. 생명과, 생명을 생명이게 하는 우주에 대한 외경심. '모든 진정한 시인은 심오한 생태론자'(김종철)이거니와, 진정한 생태론의 뿌리이자 토양이 예민한 '생명 감각'이다. 생명 앞에서 깨어 있는 정신. 모든 것은 땅에서 오며, 모든 것은 서로 연결되어 있다는 오래된 진리를 새롭게 발견하는 시인이 진정한 시인일 터. 이런 시인이 '칼과 혀'로 '간곡한 아름다움'을 구현하는 길을 열어젖히지 않겠는가.

밤하늘을 우러르며 경건해지고, 엎드려 새싹에 다가가며 생명의 신비를 느끼는 자, 새의 폐에 들어갔다 나온 공기가 우리 허파로 들어온다는 자명한 사실(류시화)을 자각하는 자가 생명과 더불어 생명을 살아가는 시인일 것이다. 생명의 시인은 스러져가는 농촌 공동체 안에서, 기후 재앙과 과학기술 만능주의가 우리 앞을 가로막는 거대한 불확실성 앞에서도 '분노의 칼'과 '연민의 혀'를 양손에 들고서 '간곡한 아름다움'을 끝끝내 붙잡아야 한다고 역설한다.

시인의 자화상으로 읽어도 무방할 「질경이 마도로스」를 함께 읽는 것으로 '길어져서(다 읽지 못해서) 짧아진 글'을 마무리하고자 한다. "논둑이 아닌 뱃머리에 뿌리" 내린 "질경이", 난바다를 새로운 "고향(땅)"으로 여기는 질경이가 곧 "세상에 하나뿐인" 농부 시인 선종구일 것이다. 세상에, 이 세상에 "꽃 고동"이 울리느니,

어느 일꾼의 장화 밑창에 묻혀 이곳까지
왔는지 모르나, 나는 이름대로 질긴

질경이 마도로스

닻을 올려라
성채 같은 연륙교를 지나 바다로 가자

어디에 핀들 꽃이 아니랴
영원한 것은 지금 이 순간뿐,

꽃 고동 힘차게
울리며 바다로 나가는

세상에 하나뿐인 질경이 마도로스